Elisabet

HALLOWEEN

D'après une idée d'Elizabeth Jackson
Révision linguistique • Denis Michallet
Illustrations • Sigrid Thaler

VOICI
CHARLOTTE
ET THIERRY

LUI, C'EST JACK

UN ANGE

LE DIABLE

HALLOWEEN

une SORCIÈRE

un FANTÔME

une CITROUILLE

31 OCTOBRE
HALLOWEEN

3

« Halloween ? » demande Charlotte.
« Oui, c'est la nuit des citrouilles,
des fantômes et des sorcières ! »
répond Thierry.

4

Thierry prépare une citrouille.

6

un BUFFET

une BOUGIE

Charlotte, donne-moi la bougie, s'il te plaît !

« Où est-elle ? » demande Charlotte.
« Elle est dans le buffet ! » répond
Thierry.

7

Oh, c'est une lanterne !

Thierry met la citrouille avec une bougie à la fenêtre.

« Pourquoi fais-tu une lanterne et
la poses-tu sur la fenêtre, Thierry ? »
demande Charlotte. « À cause de
la légende de Jack ! » répond Thierry.
« Jack ? C'est qui Jack ? » demande
Charlotte.
« Jack était un homme très méchant ! »
répond Thierry.

Thierry raconte à Charlotte la légende
de Jack.
Un jour, Jack était en train de boire
une bière dans un café.
Le Diable était assis à côté de Jack. Il buvait
lui aussi.

« Je n'ai pas d'argent pour payer ma bière !
– a dit Jack – tu peux m'aider, Diable ? »
« Bien sûr ! » a répondu le Diable.

Et le Diable s'est transformé immédia-
tement en argent. Jack à mis l'argent
dans son porte-monnaie.

« Ouvre ton porte-monnaie ! – criait
le Diable – Laisse-moi sortir !
Si tu me laisses sortir, je ne t'ouvrirai pas
ma porte quand tu viendras en Enfer. »

Jack a ouvert son porte-monnaie
et le Diable est sorti. Il était libre !
« Merci Jack ! – dit le Diable – Salut ! »

Le temps est passé et Jack est mort.
Quand il est arrivé au Paradis...

PARADIS

l'ANGE

Bonjour, Ange.
Ouvre-moi la porte !

« Bonjour, Jack ! – dit l'Ange – Tu es
un méchant homme ! Tu ne peux
pas entrer ici !
Va en Enfer ! Va au Diable ! »

Jack est allé en Enfer. Il a frappé à la porte.
Le Diable lui a répondu.

« Je ne peux pas t'ouvrir ma porte... – dit le Diable – Tu te souviens de ma promesse au café ? »

« Oui, je m'en souviens ! » répond Jack.

la TERRE

Jack n'a pas pu aller en Enfer.
Il est retourné sur la Terre...
Et encore aujourd'hui, Jack marche dans
la nuit avec sa lanterne-citrouille.

« Quelle drôle d'histoire ! » dit Charlotte.
« Préparons Halloween : d'abord,
les costumes ! » dit Thierry.
Thierry dessine un costume noir pour
Charlotte et un costume blanc pour lui.

« Laisse-moi découper mon costume
et ton chapeau. » dit Thierry.
Thierry découpe et Charlotte plie et colle.

DÉCOUPER

COLLER

PLIER

DESSINER

Où es-tu, Thierry ?

Charlotte met son costume noir et son chapeau noir.
C'est une charmante sorcière.

Ooohhh !
Un fantôme !
Au secours !

Thierry met son costume blanc.
C'est un charmant fantôme.

TROUVE LES MOTS DANS LA GRILLE.

<u>COSTUME</u> • YEUX • NEZ • SORCIÈRE •
CITROUILLE • DIABLE • FANTÔME • CHAPEAU •
PORTE-MONNAIE • BOUGIE • LANTERNE • SOUS

L	L	Y	C	H	A	P	E	A	U	C	K
F	A	N	T	Ô	M	E	F	A	N	I	Z
U	N	N	S	T	I	O	W	A	I	T	E
O	T	R	O	D	I	A	B	L	E	R	M
N	E	Z	R	Z	O	O	T	B	L	O	P
E	R	S	C	O	S	T	U	M	E	U	E
Y	N	S	I	T	C	S	O	U	S	I	G
V	E	R	È	U	D	D	I	A	V	L	E
E	C	B	R	B	O	U	G	I	E	L	O
D	S	Y	E	U	X	C	D	N	O	E	G
P	O	R	T	E	M	O	N	N	A	I	E

25

ÉCRIS LES MOTS DANS LES ÉTIQUETTES.

2 YEUX • 1 NEZ • 1 BOUCHE

DESSINE ET COLORIE.

un FANTÔME

une SORCIÈRE

ÉCRIS LES MOTS DANS LES ÉTIQUETTES.

UN CHAPEAU • UN CHAT • UN COSTUME •
UNE CITROUILLE • UN FANTÔME

FAIS UN CHAPEAU DE SORCIÈRE.

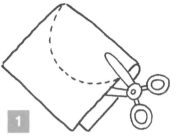

1 Découpe une feuille de papier.

2a Fais un cône : plie...

2b ...et colle.

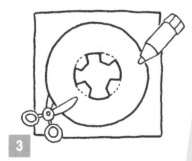

3 Dessine, coupe et plie. Puis colle.

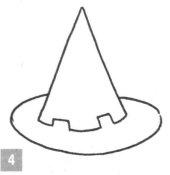

4 Voilà ton chapeau !

ÉCRIS LES VERBES.

MAINTENANT, DESSINE **TON** COSTUME.

• LECTEURS EN HERBE • EN COULEURS 🎧 •

Béril	ASTERLIX DANS L'ESPACE
Lutun	ZAZAR
Moulin	LE COMTE DRACULA
Moulin	NESSIE LE MONSTRE
Moulin	ROBIN DES BOIS
Vincent	LA FAMILLE FANTOMAS
Lutun	ZAZAR ET LE COQUILLAGE
Lutun	ZAZAR ET LE RENARD
Martin	HALLOWEEN
Martin	BROB LE BRONTOSAURE

• PREMIÈRES LECTURES •

Aublin	LE RIFIFI
Aublin	MERLIN L'ENCHANTEUR
Aublin	SCARAMOUCHE
Avi	LE TITANIC
Brunhoff	L'ÉLÉPHANT BABAR
Busch	MAX ET MAURICE
Cabline	VERCINGÉTORIX
Capatti	JOUEZ avec la GRAMMAIRE FRANÇAISE
Daudet	LA CHÈVRE DE M. SÉGUIN
Dumas	LES TROIS MOUSQUETAIRES
Dutrois	L'ACCIDENT !
Dutrois	OÙ EST L'OR ?
Germain	LE PETIT DRAGON
Gilli	MÉDOR ET LES PETITS VOYOUS
Grimm	CENDRILLON
Grimm	LES GNOMES
Hutin	LA MAISON DES HORREURS
Hutin	LE PAPILLON
La Fontaine	LE LIÈVRE ET LA TORTUE
Leroy	LES AVENTURES D'HERCULE
Les 1001 Nuits	ALI BABA ET LES 40 VOLEURS
Messina	LE BATEAU-MOUCHE
Perrault	LE PETIT CHAPERON ROUGE
Stoker	DRACULA

• PREMIÈRES LECTURES 🎧 •

Arnoux	LE MONSTRE DE LOCH NESS
Andersen	LES HABITS DE L'EMPEREUR
Flotbleu	D'ARTAGNAN
Grimm	HANSEL ET GRETEL
Hugo	LE BOSSU DE NOTRE-DAME
Laurent	LE DRAGON DORMEUR
Laurent	POCAHONTAS
Pellier	LE VAMPIRE GOGO
Stoker	DRACULA

• LECTURES TRÈS FACILITÉES •

Aublin	FRANKENSTEIN contre DRACULA
Avi	LE COMMISSAIRE
Avi	LE TRIANGLE DES BERMUDES
Cabline	NAPOLÉON BONAPARTE
Capatti	JOUEZ avec la GRAMMAIRE FRANÇAISE
Cavalier	LES MÉSAVENTURES DE RENART
Ducrouet	NUIT DE NOËL
Géren	LE BATEAU VIKING
Germain	LE MONSTRE DES GALAPAGOS
Gilli	LE VAMPIRE
Gilli	UN CŒUR D'ENFANT
Gilli	PARIS-MARSEILLE VOYAGE EN T.G.V.
Hémant	MARIE CURIE
Hutin	CARTOUCHE
Hutin	LE MYSTÈRE DE LA TOUR EIFFEL
Laurent	UN VOLONTAIRE DANS L'ESPACE
Leroy	ANACONDA, LE SERPENT QUI TUE
Mass	LA CHASSE AU TRÉSOR
Mass	OÙ EST L'ARCHE DE NOÉ?
Mérimée	LA VÉNUS D'ILLE
Messina	GRISBI

• LECTURES TRÈS FACILITÉES 🎧 •

Arnoux	BONNIE ET CLYDE • FUITE D'ALCATRAZ
Aublin • Wallace	SISSI • BEN HUR
Avi • Doyle	PIRATES • LA MOMIE
Cabline	LES CHEVALIERS DU ROI ARTHUR
Germain • Saino	HALLOWEEN • LE MASQUE
Hoffmann	PIERRE L'ÉBOURIFFÉ
Hutin	LES COPAINS
Pellier	LE REQUIN • HISTOIRES FANTÔMES
Perrault • Leroux	BARBE BLEU • FANTÔME de l'OPÉRA
Sennbault	MEURTRE SUR LA CROISETTE

• LECTURES FACILITÉES •

Aublin	RIEN NE VA PLUS !
Beaumont	LA BELLE ET LA BÊTE
Capatti	JOUEZ avec la GRAMMAIRE FRANÇAISE
Capatti	PEARL HARBOR
Daudet	TARTARIN DE TARASCON
Dumas	LES TROIS MOUSQUETAIRES
Flaubert	MADAME BOVARY
Forsce	JACK L'ÉVENTREUR
Fraîche	LA BATAILLE D'ALGER
Fraîche	LES MYSTÈRES DE LA BASTILLE
Gautier	CAPITAINE FRACASSE
Géren	LA MOMIE
Géren	LES DENTS DE DRACULA
Giraud	L'HISTOIRE D'ANNE FRANK
Juge	FUITE DE LA CAYENNE
Juge	JEANNE D'ARC

Malot	SANS FAMILLE
Martini	LA CHANSON DE ROLAND
Martini	LE ROMAN DE RENART
Martini	LE FANTÔME à Chenonceaux
Mass	FUITE DE SING-SING
Maupassant	BOULE DE SUIF
Maupassant	UNE VIE
Mercier	CONTES D'AFRIQUE
Mercier	L'AFFAIRE DREYFUS
Mercier	L'EUROTUNNEL
Molière	LE MALADE IMAGINAIRE
Mounier	STALINGRAD
Pergaud	LA GUERRE DES BOUTONS
Perrault	LE CHAT BOTTÉ
Rabelais	GARGANTUA ET PANTAGRUEL
Radiguet	LE DIABLE AU CORPS
Renard	POIL DE CAROTTE
Rostand	CYRANO DE BERGERAC
Sand	LA MARE AU DIABLE
Sand	LA PETITE FADETTE
Ségur	MÉMOIRES D'UN ÂNE
Terrail	LES EXPLOITS DE ROCAMBOLE
Troyes	PERCEVAL
Verne	DE LA TERRE À LA LUNE
Verne	LE TOUR DU MONDE EN 80 JOURS
Verne	20 000 LIEUES SOUS LES MERS

• LECTURES FACILITÉES 🎧 •

Beaumarchais • Fraîche	FIGARO • ROBESPIERRE
Beaum • Hugo	BARBIER SÉVILLE • MISÉRABLES
Dunsien	LA GUERRE D'INDOCHINE
Forsce	RICHARD CŒUR DE LION
Fraîche	CHARLEMAGNE
Loti • Messina	PÊCHEUR • JOCONDE
Mercier • Renard	CONTES • POIL DE CAROTTE
Molière	TARTUFFE
Saino • Juge	ORIENT EXPRESS • ANDES
Ségur • Pergaud	MÉMOIRES ÂNE • GUERRE BOUTONS

• LECTURES SANS FRONTIÈRES 🎧 •

Balzac	LE PÈRE GORIOT
Béguin	AMISTAD
Béguin (SANS CD)	JOUEZ avec la GRAMMAIRE
Combat	HALLOWEEN
Conedy	COCO CHANEL
Diderot	JACQUES LE FATALISTE
Dumas	LA DAME AUX CAMÉLIAS
Flaubert	L'ÉDUCATION SENTIMENTALE
Flaubert	MADAME BOVARY
France	LE LIVRE DE MON AMI
Hugo	NOTRE-DAME DE PARIS
Iznogoud	JACK L'ÉVENTREUR
Maupassant	BEL-AMI
Messina	JEANNE D'ARC
Messina	MATA HARI
Messina	NAPOLÉON. L'HISTOIRE D'UNE VIE
Molière	L'ÉCOLE DES FEMMES
Proust	
UN AMOUR DE SWANN	
Sampeur	RAPA NUI
Stendhal	LE ROUGE ET LE NOIR
Térieur	LE TRIANGLE des BERMUDES
Zola	GERMINAL
Zola	THÉRÈSE RAQUIN

• AMÉLIORE TON FRANÇAIS •
SÉLECTION

Alain-Fournier	LE GRAND MEAULNES
Anouilh	BECKET
Balzac	L'AUBERGE ROUGE
Balzac	L'ÉLIXIR DE LONGUE VIE
Baudelaire	LA FANFARLO
Corneille	LE CID
Daudet	LETTRES DE MON MOULIN
Duras	AGATHA
Flaubert	🎧 UN CŒUR SIMPLE
Gautier	LA MORTE AMOUREUSE
Hugo	Le DERNIER JOUR d'un CONDAMNÉ
La Fontaine	FABLES
Maupassant	MADEMOISELLE FIFI
Molière	L'AVARE
Molière	TARTUFFE
Molière	LES PRÉCIEUSES RIDICULES
Perrault	🎧 CONTES
Préost	MANON LESCAUT
Rousseau	RÊVERIES DU PROMENEUR SOLITAIRE
Simenon	LES 13 ÉNIGMES
Stendhal	🎧 HISTOIRES D'AMOUR
Voltaire	MICROMÉGAS

• CLASSIQUES DE POCHE •

Baudelaire	🎧 LE SPLEEN DE PARIS
Duras	L'AMANT
Hugo	🎧 LA LÉGENDE DU BEAU PÉCOPIN
La Fayette	🎧 LA PRINCESSE DE CLÈVES
Maupassant	CONTES FANTASTIQUES
Pascal	🎧 PENSÉES
Proust	🎧 VIOLANTE OU LA MONDANITÉ
Racine	PHÈDRE
Sagan	BONJOUR TRISTESSE
Simenon	L'AMOUREUX DE MME MAIGRET
Voltaire	🎧 CANDIDE

© 2007 ELI SRL - LA SPIGA LANGUAGES • TÉL. +39 02 2157240 • info@laspigalang.com • info@elionline.com
IMPRIMÉ EN ITALIE PAR TECHNO MEDIA REFERENCE